머슴교회의 일꾼론

교사용

송영선 지음

쿰란출판사

머리말

본서는 빌립보교회 제자훈련원 과정 중 평신도를 사역자로 양성하기 위해 개설된 〈사역자반〉을 위한 교재입니다.

예수의 제자가 되는 길은 크게 두 단계가 있습니다.

첫 번째 단계는 그분의 성품을 닮아가는 과정입니다. 이 과정은 예수를 보고 배우는 과정입니다. 내적 성장 과정이라고 볼 수 있습니다. 과정 대부분은 복음으로 말미암아 잃었던 생명을 다시 찾고 죄로 말미암아 일그러졌던 하나님의 형상을 원래 모습대로 회복시키는 데 있습니다. 주로 내적 성장을 의미하고 나를 위한 과정이라고 볼 수 있습니다.

빌립보교회는 성도들이 제자훈련원의 생명반, 성장 1, 2반, 제자반의 과정을 거치며 배우고 훈련해 주님의 성품을 닮아가도록 인도하고 있습니다.

두 번째 단계는 내적 성장을 기본으로 해서 이제는 하나님의 나라와 그분의 자녀들을 위해 내가 사용되는 단계입니다. 이런 훈련 과정이 사역자반 과정입니다. 이 과정은 나보다 다른 사람들을 위한 단계입니다. 복음으로 수혜를 받은 사람은 성장하면서 반드시 다른 이들에게 받은 은혜를 나눠야 할 책임이 있습니다.

그렇게 하기 위해서는 두 가지 면에서 훈련을 받아야 합니다. 그

두 가지는 사역자로서의 영성과 그에 따른 전문성을 의미합니다.

사역자로서의 영성은 주로 사역자로서의 습관과 자세, 그리고 지도력을 배우고 훈련받는 데 초점을 맞추고 있습니다. 그래서 세상의 지도력의 이론과 케이스들을 공부하는 것이 아니고 예수의 지도력과 성경에 나오는 훌륭한 지도자들의 지도력을 배우게 됩니다. 성경에서 가르치고 있는 예수와 주를 위해 사역했던 사람들의 자세, 그리고 지도력을 배우고 훈련하는 과정을 사역자의 영성 훈련이라고 정의합니다.

사역자로서의 전문성은 목회 실제를 훈련하는 것을 말합니다. 성도들 혹은 맡겨주신 양들을 섬기는 데 반드시 필요한, 투명한 삶을 나눌 수 있는 공동체를 세우는 방법, 기본적인 상담 요령, 소그룹 성경공부를 인도하는 방법과 그에 따른 훈련, 교회에 대한 깊은 이해와 목양 방법을 구체적으로 배우고 훈련하는 과정입니다.

이런 과정을 위해 사용되는 성경공부 교재와 목양론, 교회론을 포함한 사역자반 교재가 이 한 권의 책 속에 담겨 있습니다. 사역자를 양성하는 데 효과적인 교재가 되기를 간절히 기도드립니다.

주후 2010년 4월 20일
송영선 목사

사역자반 이렇게 운영합니다

1. 과정 목표를 분명히 숙지시켜야 합니다. 아래와 같이 언제든지 확인할 수 있도록 과정 목표를 분명히 제시하십시오.

　사역자반은 예수의 제자들을 주님의 몸 된 교회의 사역자로 양성하는 데 있습니다. 이를 위하여 아래의 두 영역에 대한 배움과 훈련의 기회를 갖게 됩니다.

　　(1) 사역자로서의 기본적인 영성 진작을 도모합니다.
　　(2) 목자로서의 전문성을 구비하게 합니다.

2. 수강 자격을 철저히 제한해야 합니다.

　　(1) 반드시 본 교회 교인이어야 합니다.
　　(2) 제자반까지 수료한 자이어야 합니다.

3. 수강 일시와 장소를 명확히 하고 시작하는 시간과 끝나는 시간을 반드시 지킵니다. 시간 지키는 것도 사역자의 기본 영성에 속하는 문제입니다.

(1) 두 시간 반 동안 진행합니다.
(2) 정시에 시작하고 정시에 끝냅니다.

4. 숙제는 반드시 해 오도록 하십시오.

(1) 해당 클래스의 숙제를 반드시 해옵니다.
(2) 지각 세 번은 결석 한 번으로 간주합니다.

5. 시간 배정과 운영은 아래와 같습니다.

1) 공동체 세우기 - 1시간
   (1) 이 시간은 주로 느헤미야를 가지고 큐티를 나누는 시간입니다.
   (2) 〈부록 3〉에 나와 있는 형식을 사용해서 수강생들로 해당 주간에 꼭 해야 할 느헤미야 큐티를 하게 하십시오.
   (3) 나눌 때 아래의 나눔의 요령대로 하는 것이 지극히 중요합니다. 다음의 요령대로 하지 않으면 공동체를 세우는 요령을 배울 수가 없습니다.
      ① 처음 나눌 때는 큐티를 어떻게 해 왔는지를 그냥 나누게 하십시오.

② 다 듣고 나서 다음 시간부터는 아래 요령으로 "이렇게 나누라"고 지시하십시오.
  ⅰ. 큐티 본문을 나누기 전에 자신이 지난 한 주간 살았던 삶을 나누라고 하십시오.(삶의 현장에서 있었던 기뻤던 일, 슬펐던 일, 아픈 일 등등: 이때 교사가 먼저 자신의 삶을 공개하는 것이 아주 중요합니다.)
  ⅱ. 본문 말씀 중에 어느 말씀이 자신의 삶을 '터치(만져주는)' 한 말씀이었는지를 나누게 하십시오.
  ⅲ. 앞으로 무엇을, 언제, 어떻게 할 것인가를 나누게 하십시오.
 (4) 기타 과제물(독후감 등등: 부록 참고) 숙제를 검사하는 차원에서 나누게 하십시오.

2) 휴식―10분
 (1) 이 기간을 이용해 숙제를 제출하게 하고 채점한 숙제를 나눠 주십시오.
 (2) 준비해 온 음식으로 교제하게 하십시오.

3) 성경공부 인도―40분
 (1) 에베소서를 성경공부 교재로 합니다. 에베소서를 택한

이유는 교회의 사역자로서 교회에 대한 깊은 이해를 하게 하는 데 있습니다.
(2) 첫 시간에 〈부록 2〉에 나와 있는 요령대로 에베소서 성경공부를 수강생들이 직접 인도할 수 있게 사인업을 받으십시오.
(3) 둘째 시간까지 에베소서를 다섯 번 읽고 개요를 제출하도록 하십시오.(〈부록 3〉 참고)
(4) 두 번째 클래스 에베소서 성경공부 인도는 교사가 직접 인도합니다.
① 성경공부 인도 요령을 가르쳐 줍니다.
② 그 요령대로 본을 보여 줍니다.
(5) 세 번째 클래스부터는 무슨 일이 있더라도 학생들이 인도하게 하십시오.
(6) 에베소서를 통한 성경공부 인도 요령 지침서는 부록을 참고하십시오. 반드시 이런 요령으로 가르치고 그대로 해오도록 해야 합니다.
(7) 40분 중 30분은 학생이 직접 인도하게 하고, 남은 10분은 수강생이 인도할 때 잘했던 것은 칭찬하고 부족한 면은 지적해 주는 평가의 시간을 갖도록 합니다. 반드시 평가해야 합니다.

4) 교재 공부―40분
　(1) 본서의 대부분은 사역자반 마지막 40분에 사용될 교재의 내용들로 구성되어 있습니다.
　(2) 교사는 교사용 교재에 나와 있는 답을 참고하십시오.
　(3) 수강생은 답이 없으므로 반드시 집에서 예습을 해 오게 해야 40분 안에 끝낼 수가 있습니다.
　(4) 교사가 항상 직접 인도해야 합니다.

6. 기타

(1) 과제물 점검표(부록 1)를 보면 본 과정의 숙제가 일목요연하게 나와 있습니다.
(2) 각 기수마다 적절하게 날짜를 배정하십시오.
(3) 둘째 주와 셋째 주에 숙제가 많이 배정되어 있습니다. 이것은 다분히 의도적입니다. 적당히 살던 생활 자세에서 사역자로서의 삶의 자세로 변화를 가져오기 위한 시도입니다. 숙제가 과도한 것 같더라도 그대로 실행해 주십시오.
(4) 반장을 첫 시간에 임명하여서 과제물 수거, 연락, 사인업 상태 점검 등의 일들을 위임하기 바랍니다.

⑸ 종강파티를 하도록 하십시오. 그리고 그 시간에 사역자반 수강 소감문을 써 오게 하십시오.(〈부록 6〉 참고)
⑹ 부록은 구체적으로 사역자반을 운용하기에 도움이 되는 양식과 자료들입니다. 많은 도움이 될 것입니다.

차례

머리말 02

사역자반 이렇게 운영합니다 04

chapter 1 사역자의 아침 13

chapter 2 사역자의 기본 자세 I - 머슴의 도 21

chapter 3 사역자의 기본 자세 II - 자녀의 도 27

chapter 4 지도자인 사역자 I - 자신의 마음을 다스려라 35

chapter 5 지도자인 사역자 II - 나의 연약함을 인정하라 42

chapter 6 지도자인 사역자 III - 지도력(leadership)의 단계 48

chapter 7 지도자인 사역자 IV - 지도력의 7가지 필수조건 57

chapter 8 목자인 사역자 I - 사랑방 목자란? 63

chapter 9 목자인 사역자 II - 사랑방 모임 인도 요령 69

chapter 10 교회 직분자인 사역자 - 교회란 무엇인가? 76

부록 1_ 오리엔테이션   82

부록 2_ 성경공부 인도 요령   89

부록 3_ 큐디 노드(예)   93

부록 4_ 문단 나누기(예)   95

부록 5_ 독후감   100

부록 6_ 소감문   104

chapter 1

사역자의 아침

"이 세상에서 가장 잘 그리스도를 실현했던 사람들, 그리고 그리스도를 위해 세상을 변화시킨 사람들은 모두 다 그들의 매일의 삶 가운데서 하나님과 만나는 시간이 매우 많았던 이들이었다. 하나님과의 만남이 적다는 것은 하나님을 위해 사는 삶이 적다는 것을 의미한다."

— E.M. Bounds

당신은 하나님으로부터 사역자로 부름을 받았습니까?

그렇다면, 당신은 하나님의 사람으로 철저하게 준비되어 있는 사역자입니까?

하나님이 택하시고 하나님께 인정받는 사역자를 꿈꾸는 헌

신된 평신도들에게는 무엇보다 "하나님과 인격적으로 만나는 시간"이 우선되어야 합니다. "하나님과의 개인적인 만남의 시간"(Q.T.)을 통하여 깊은 영성과 전문성으로 무장된 온전한 사역자로 거듭날 수 있습니다.

　당신은 하나님께서 매일 조용하게 우리와 단둘만의 시간을 보내고 싶어하신다는 사실을 알고 있습니까?
　어떤 사람에게는 이런 사실이 매우 신기하기도 하고 어색하고 이상스러울지 모릅니다. 하지만 잠깐 생각해 봅시다. 우리가 그리스도를 나의 주와 구세주로 모셔 들였다면 그때부터는 우리가 당당한 하나님의 가족의 일원이 됩니다. 하나님을 '아버지'라 부를 수 있는 것입니다.
　좋은 아버지라면 자기가 사랑하는 자녀들과 시간 보내기를 원하는 것이 당연합니다. 가능하면 한 아이, 한 아이와 개인적으로 시간을 보내고 싶어합니다. 이렇게 될 때 자녀들은 아버지를 더 잘 알게 되고 신뢰하게 되고 순종하게 되며 아버지는 자녀들이 아버지를 닮아가는 것을 보게 될 것입니다.
　하늘의 아버지도 마찬가지입니다. 그분을 가장 잘 아는 길은 그분과 함께 보내는 시간을 자주 갖는 데 있습니다. 그래서 그분의 말씀을 듣고(성경 읽고 묵상) 또 그분께 말씀드리는 시간(기도)을 많이 가질 때 우리의 삶은 자연히 그분의 인격을 닮게 됩니다.

1. Q.T.의 정의

(1) 마가복음 1장 21-37절을 읽어 보면, 예수의 매일매일의 일정이 어떻게 나와 있습니까?

피곤에 지칠 정도로 바쁜 일정

(2) 매일매일 이와 같이 산다면 일이 끝나고 나서, 혹은 다음 날 새벽에 몸과 정신이 어떻겠습니까?

새벽에 도저히 일어날 수 없는 상태가 됨.

(3) 마가복음 1장 35절 말씀을 묵상하고 생각나는 대로 적어 보십시오.

하나님의 아들이신 예수조차도 새벽에 하나님과의 교제를 필요로 하셨는데, 우리는 얼마나 더 그러하겠는가?

(4) Q.T란 무엇이라고 생각하십니까?

새벽에 갖는 하나님과의 교제

2. Q.T.의 목적

(1) 하나님과의 교제를 위해서

- 출 33:11

- 요일 1:3

- 고전 1:9

- 히 4:16

(2) 삶의 올바른 원칙과 방향을 인도받기 위해서

- 시 119:105, 143:8, 16:1

- 시 73:2

- 렘 15:16

- 빌 4:6-7

(3) 주님의 영광을 위해서

- 롬 8:28

- 행 4:13

• 고후 3:18

주님과 교제한다는 것은 주님과 함께 시간을 보내는 것입니다. 주님과 시간을 함께 보내는 것은 주님의 형상을 닮는 것입니다. 주님의 형상을 닮는 것은 주님께 영광 돌리는 삶을 사는 것입니다. 주님께 영광 돌리는 삶을 사는 것은 우리의 삶의 목적이 이뤄지는 것입니다.

3. Q.T.를 위한 준비와 계획

(1) 장소
혼자 조용히, 쫓기지 않고 시간을 보낼 수 있는 장소를 정하십시오. 가능하면 장소를 바꾸지 않는 것이 좋습니다.

(2) 시간
어떤 시간이 좋으냐 하는 문제는 직장, 가정, 삶의 스타일에 따라 달라질 수 있습니다. 어떤 이는 아침 시간을 효과 있게 사용하지만, 또 어떤 이는 밤에 더 능률이 오르는 사람도 있습니다. 중요한 것은 하루 삶 가운데 가장 정신이 맑은 시간을 주님과 함께 보낸다는 사실입니다. 일반적으로 아침(새벽)시간을 권해드립니다.(시 5:3)

(3) 얼마 동안

"얼마나 오랜 시간이 필요한가?"라는 질문을 많이 합니다. "얼마나 오래하는가?"는 중요한 문제가 아니라, 주님과 함께 시간을 보내고 만나는 것이 중요합니다. 어떤 이는 한 시간 이상 필요한 사람도 있고, 또 10분 동안 하는 사람도 있습니다. 이것은 신앙 연륜에 비례하는 것이 좋습니다.

4. Q.T의 바람직한 실제(모범)

(1) 기다림

처음부터 바로 성경을 읽는 것보다 눈을 감고 잠시 기도하고 시작하는 것이 좋습니다. 하나님의 임재에 감사하고 성령의 가르침을 기대하는 마음으로 자세를 바로합니다.

- 시 119:18

- 눅 24:32

(2) 성경 읽기

성경 말씀을 조직적으로 읽을 것을 권장합니다. 보통은 한 부분 정도(대개 1-15절 정도)를 택해서 두세 번 정도 읽습니다.

- 행 17:11

(3) 묵상과 기록

반드시 깊이 묵상(SPECK 방법을 따라서:20쪽 참조)한 후에 묵상한 내용을 기록하는 것이 좋습니다. 묵상하는 말씀 속에서 예수의 모습을 찾아보고, 모든 말씀의 주인공인 예수를 개인적으로 만나도록 노력합니다. 특히, 적용 부분은 구체적인 계획을 만들어 반드시 실천합니다.

- 시 1:2

- 수 1:8

SPECK 방법

S	Sin to avoid	버려야 할 것
P	Promise to claim	받아들일 약속
E	Examples to follow	따라야 할 좋은 예
C	Command to obey	순종해야 할 명령
K	Knowledge to learn	배워야 할 지식

(4) 기도

성경을 읽고 묵상과 적용한 내용을 중심으로 주님께 이야기합니다. 주님의 영광을 보았다면 찬양하고 죄가 드러났다면 고백합니다. 감사할 제목이 보이면 감사하고 간구할 것이 있으면 간구합니다. 하나님이 '아버지'란 사실을 잊지 말고 자연스럽게 이야기하는 식으로 기도합니다.

chapter 2

사역자의 기본 자세 I
– 머슴의 도

세상의 마음은 으뜸이 되려는 마음입니다. 하지만 예수는 우리에게 '머슴'이 되라고 하십니다.

"너희 안에 이 마음을 품으라 곧 그리스도 예수의 마음이니 그는 근본 하나님의 본체시나 하나님과 동등됨을 취할 것으로 여기지 아니하시고 오히려 자기를 비워 종의 형체를 가지사 사람들과 같이 되셨고 사람의 모양으로 나타나사 자기를 낮추시고 죽기까지 복종하셨으니 곧 십자가에 죽으심이라"(빌 2:5-8).

높아지려는 욕심은 싸움을 불러오고 낮아지고 섬기려는 마음은 화평을 불러옵니다. 섬김은 높아지는 것의 반대입니다. 낮아져야 섬길 수 있습니다. 예수는 근본 하나님이시나 하나님 자리를 내어놓고 사람이 되셨으며, 사람 중에서도 아무 주장도 없고, 권리도 없고, 자랑할 것도 없고, 높을 것도 없고, 강할 것도 없는 약한 머슴의 모습으로 세상에 오셨습니다. 예수는 인간이 잃어버린 형상, 즉 섬김의 모습을 회복시키려고 세상에 오셨습니다. 그래서 예수의 마음은 '머슴의 마음'입니다.

머슴은 섬기기 위해 존재합니다. 섬기는 대상을 사랑하기 때문입니다. '머슴의 마음'이 곧 하나님의 마음이요 형상입니다. 우리 마음을 섬김의 마음으로 바꿔야 합니다. 하나님께 부름받은 사역자로서 머슴 예수의 마음을 닮아간다면 새 마음, 새 가정, 새 사회, 새 하늘, 그리고 새 땅이 창조되는 것입니다.

1. '머슴' 하면 생각나는 것들을 적어 보십시오.

   비천한 사람, 아무 권리가 없는 사람, 시키는 대로 하는 사람,
   아무도 되기를 원하지 않는 사람, 사람 같지 않은 사람

2. 왜 '머슴의 도'가 중요합니까?(마 20:25-28)

   (1) 세상의 근본적인 문제(마 20:25)

사람이 사람을 임의로 주관하려는 것

(2) 그 문제로 인한 결과(마 20:24)

키재기

편가르기

힘겨루기

(3) 하나님의 처방(마 20:28)

섬김을 받으려 하지 말고 섬기려 하라.

(4) 우리의 자세(마 20:26)

머슴의 자세

3. 어떻게 해서 세상이 이 문제로 인해 이처럼 고통을 받게 되었습니까? 하나님께서 아담과 하와를 창조하셨을 때 원래 의도가 그랬습니까?(창 1-4장)

(1) 타락 전

- 창 1:26

하나님은 인간을 자신의 형상으로 창조하셨다. 모든 인간을 평등하게 하셨다.

- 창 1:28

하나님은 인간이 자연을 다스리도록 하셨지, 인간을 지배하도록 하시지 않았다.

- 창 2:17

하나님은 모든 인간에게 자유의지를 주셨다.

- 창 2:18

하나님은 인간을 섬기셨다.

- 창 2:19

하나님은 인간에게 권한을 위임하셨다.

(2) 어떤 일이 일어났습니까?

- 창 3:1-5

인간이 하나님같이 되려고 하는 시도 가운데서 비교심과 욕심이 잉태되었고 타락이 왔다.

(3) 타락 후

- 창 3:7

  부끄러운 것을 가리는 행위가 시작되었다: 진실과 투명함의 결여

- 창 3:12

  비교함과 우월감을 통해 타인을 지배하려는 마음

- 창 3:16

  인간들이 서로 지배하고 소유하려는 싸움의 시작

- 창 4장

  인간끼리의 폭력과 살인

4. 하나님께서는 원래 의도하셨던 대로 인류를 회복시키기 위해 어떻게 하셨습니까?(빌 2장; 요 1:14; 마 20:28)

(1) 빌 2:6

　예수는 자신을 하나님과 같이 비교하지 않으셨다.

(2) 빌 2:7

　사람과 같이 되셨고 더군다나 종(머슴)이 되셨다.

(3) 빌 2:8

죽기까지 하나님 아버지께 복종하셨다.

(4) 빌 2:17

바울도 자신을 비웠다.

(5) 빌 2:19-20

디모데도 자신보다 예수와 다른 이들을 위해 종으로 살았다.

(6) 빌 2:25-27

에바브로 디도도 다른 사람들의 유익을 위해 자신이 병든 것을 다른 사람이 알기를 원하지 않았다.

5. 어떤 삶을 살아야 하겠습니까?(요 13:5-15)

(1) 제자들의 문제

서로 머슴이 되지 않으려고 했다.

(2) 주님의 모범

자신이 머슴이 되었다.

(3) 우리의 자세

상전이 되려 하지 말고 머슴이 되어야 한다.

chapter 3

사역자의 기본 자세 Ⅱ
- 자녀의 도

우리는 머슴이기도 하지만 구원받은 하나님의 자녀이기도 합니다. 그러므로 우리의 정체성은 머슴과 자녀입니다. 그렇다면 하나님의 자녀로서 우리가 가져야 할 가장 중요한 마음은 어떤 것일까요? 그것은 바로 내가 하나님의 자녀 됨을 확신하는 마음이며, 사역자로서 다른 사람들에게 이 확신을 심어주는 일입니다. 이것은 자신이 구원을 확신해야 가능합니다.

우선, '구원받았다' 는 것은 인격자 되신 예수 그리스도를 자신의 구주로 영접한다는 것입니다. 우리는 구원받은 자이기 때문에 반드시 '구원의 확신' 이 있어야 합니다. '구원의 확신' 이란 자기가 구원받았다는 사실을 조금도 의심하지 않고 있는 신앙상태를 말합니다. '구원의 확신' 은 우리가 누릴 수 있는 복중의 하나입니다. 그리고 하나님은 우리가 이 '구원의 확신' 속에서 이 땅의 삶을 살아가는 것을 분명히 원하십니다.

그런데 이런 확신을 갖지 못하는 이유는 믿음과 하나님 말씀에 대해 바로 이해하지 못하기 때문입니다. 하나님의 말씀에 기초하여 '지·정·의'의 세 측면에서 믿음을 고찰함으로 견고한 '구원의 확신'을 가질 수 있기를 바라며 또한 다른 사람들에게 '구원의 확신'을 심어 주기를 원합니다.

1. '확신'이라는 단어의 정의는 어떻게 내릴 수 있습니까?
   '바라는 것이 확실히 있고 일어난다'라는 확고한 마음

2. '구원받는다'라는 말에서 '구원'은 무슨 뜻입니까?

(1) 사전에서의 정의
   위험과 곤경, 그리고 죽어가는 데서 구함을 받음.

(2) 성경에서 본 구원의 개념(왕하 7:3-9)

   ① 어떤 사건이 일어났습니까?(왕하 6:24)
      아람 왕 벤하닷이 수많은 군대를 모아 이스라엘 수도 사마리아 성을 에워싸 성중의 모든 사람이 죽어가고 있었음.

② 그 당시 사마리아에 살고 있던 사람들의 처지는 어떠했습니까?(왕하 6:29)

어머니들이 자식을 죽여 먹어야 하는 생지옥 같은 세상이었음.

③ 사마리아 사람들의 처지와 현재의 우리 처지를 비교해 보십시오.

그 시대 사람들도 구원이 필요했고 우리도 구원이 필요한 세상에 살고 있음.

④ 결국 성문 곁에 앉아 있던 네 명의 나병환자는 누구를 대표하며, 열왕기하 7장 3-4절에서의 고백은 누구의 고백이라고 할 수 있습니까?

나의 고백이며 우리 모두의 고백

⑤ 왜 성경은 기원전 80년도 더 되는 때에 팔레스타인이라는 조그마한 지역에서 일어난 사건을 이렇게 소상히 기록하고 있을까요?

모든 인간들이 그들이 처한 곤경과 위험 그리고 죽을 수밖에 없는 구원이 필요한 처지임을 깨닫게 하기 위해서.

⑥ 스스로 '구원' 이라는 단어를 정의해 보십시오.(왕하 7:5-9)

죽을 수밖에 없는 처지에 있는 인간을 하나님이 사랑하셔서 살려 주시는 것

3. 위에서 공부한 내용을 참고해 '구원의 확신'은 무엇이라 생각하십니까?

우리는 죽을 수밖에 없는 상황이지만, 하나님이 살아계시고 우리를 사랑하셔서 죽음에서 살려 주신다는 것에 대한 확고한 믿음의 마음

4. 과연 '구원을 확신'하며 신앙생활 하는 것이 가능합니까?

(1) 바울은 무엇이라 고백합니까?(빌 1:19-26)

'죽으면 예수와 함께 산다.' 그래서 죽는 것이 자신만을 위해서 산다면 더 좋다고 고백함.

(2) 빌립보서 4장 3절 말씀을 읽고 그가 확신한 것이 무엇인지를 말해 보십시오.

글레멘드와 그 외 동역자들의 이름이 생명책에 있다는 것

(3) 에티오피아 내시가 '구원의 확신'을 가졌다고 생각하십니까?(행 8:36-39)

"내가 세례를 받음에 무슨 거리낌이 있느냐"라고 세례를 받고 기뻐했으므로 구원을 확신했음.

(4) 사역자로서 섬기는 이들에게 무엇을 권해야 한다고 판단

하십니까?

<u>구원은 반드시 확신해야 한다는 것, 그리고 이것이 신앙생활의 끝이 아니고 시작이라는 것</u>

(5) '구원의 확신'은 꼭 가져야 합니다.

"내가 하나님의 아들의 이름을 믿는 너희에게 이것을 쓰는 것은 너희로 하여금 너희에게 영생이 있음을 알게 하려 함이라"(요일 5:13).

"오직 이것을 기록함은 너희로 예수께서 하나님의 아들 그리스도이심을 믿게 하려 함이요 또 너희로 믿고 그 이름을 힘입어 생명을 얻게 하려 함이니라"(요 20:31).

"또 참으로 나와 멍에를 같이한 네게 구하노니 복음에 나와 함께 힘쓰던 저 여인들을 돕고 또한 글레멘드와 그 외에 나의 동역자들을 도우라 그 이름들이 생명책에 있느니라"(빌 4:3).

5. 어떻게 구원을 확신할 수 있습니까?

(1) 요 3:16

하나님이 나를 사랑해서 독생자 예수를 십자가에서 내 대신 형벌을 받게 하셨다는 사실을 믿으면 구원받음.

(2) 계 3:20

내가 예수를 영접하면 그분이 내 마음에 들어오심.

(3) 요 1:12

내가 예수를 영접하면, 즉 예수를 믿으면 하나님의 자녀가 됨.

(4) 요 5:24

예수를 믿으면 심판받지 아니하고 죽음에 이르지 아니하고 영생을 얻음.

(5) 롬 10:9-10

예수를 주로 시인하고 그분이 부활하심을 마음에 믿으면 구원 받게 됨.

(6) 벧전 1:23

구원의 확신은 성경의 약속(언약)으로 된 것임.

6. 한번 구원받으면 영원히 구원받습니까? 만약, 죄를 범해도 구원을 잃어버리지 않습니까?

(1) 롬 8:1, 38-39

　　어느 누구도, 어떤 피조물도 구원을 빼앗아 갈 수 없음.

(2) 요 10:28-30

　　우리가 영생을 사는 것은 하나님과 예수께서 겹겹으로 보증해 주는 것임.

(3) 요일 1:9

　　죄를 자백하면 모든(현재 과거를 불문하고) 불의에서 깨끗게 해 주신다고 약속함.

7. 소그룹 리더로서 다음의 사실들을 그룹원들에게 확신시켜 주십시오.

(1) 회심했음(고후 5:17)

(2) 거듭났음(요 3:3)

(3) 구원받았음(엡 2:1)

(4) 죄 사함 받았음(딤전 1:15, 요일 2:12)

(5) 하나님과 화목함(롬 5:1)

(6) 믿음으로 의롭다 하심을 받았음(롬 3:24)

(7) 성령을 받았음(행 2:38, 고전 12:3, 엡 1:13)

chapter 4

지도자인 사역자 I
- 자신의 마음을 다스려라

"지도력(leadership)에 대한 연구가 과거에 이렇게 많은 적이 있었나?" 할 정도로 지도력 내지는 지도자론에 대한 연구와 세미나, 그리고 이에 대한 출판물들이 범람하고 있습니다. 요즈음 우리는 지도력의 부재를 한탄하거나, 진정한 지도력을 향한 갈망을 표현하는 경우가 종종 있습니다. 이는 이 시대가 그 어느 때보다 정치적 지도력, 경제를 위한 지도력, 종교적 지도력 등 사회 전반을 이끌어 줄 지도력을 필요로 하는 시대이고, 또 그에 부응하는 지도자들은 많지 않은 상황 때문인 것 같습니다.

그럼 우선 우리가 보편적으로 생각하는 지도자와 지도력에 대해서 살펴보도록 하겠습니다.

1. 지도자 혹은 지도력(leadership) 하면 무슨 생각이 듭니까?

   지배하는 사람, 숭배하는 사람, 이끄는 사람, 왕, 대통령, 수상, 국회의원, 장군

2. 여러분이 아는 지도자들을 적어 보십시오.

   (역사, 정치, 종교, 교육 등)

   시저, 알렉산더, 세종대왕, 이순신, 박정희, 이승만, 간디, 빌리 그레이엄, 마더 테레사, 링컨, 김일성, 스탈린, 히틀러, 마호메트

3. 위의 지도자들을 존경하는 순서대로 그 순위를 정해 보십시오.

   링컨, 빌리 그레이엄, 마더 테레사, 간디, 이순신, 세종대왕

4. 그렇게 순위를 정한 이유는 무엇입니까?

   권위를 가지고 있으나 타이틀을 생각하지 않고 섬김으로 다른 사람들을 이끈 역량 때문에.

5. 지도력의 힘은 무엇이라 생각하십니까?

   지도력이란 섬김에서 나온다.

'최고의 지도력', '최고의 리더십'은 무엇일까요?

지금까지 흔히 지도력(leadership)을 이야기할 때는 지도자가 지녀야 할 타고난 카리스마, 조직력, 통솔력 등을 이야기하는 것이 일반적인 경우였습니다. 하지만 진정한 지도력이란 위로부터 아래로 내려오는 힘이 아니라, 서로를 배려하는 감성과 돌보는 인격적인 섬김에서 옵니다.

그리고 지도력은 가장 꼭대기에 서 있는 한 사람에게서만 나오는 것이 아니라 나누어져야 할 것입니다. 공동체에 속한 누구에게서든지 어떤 방향으로든지 지도력은 발휘되고 사용될 것입니다. 직위의 높낮이를 떠나 공동체에 속한 사람이라면 누구나가 발휘하는 지도력, 배려와 섬김의 지도력이 실현된다면 우리가 당면한 지도력의 부재의 어려움들을 헤쳐나갈 수 있을 것입니다.

교회에서도 마찬가지입니다. 어느 곳보다 더 지도력에 의해 사명을 이루고 비전을 성취하는 곳이 교회입니다. 그런데 늘 지도력에 대한 아쉬움이 많은 곳이 또한 교회이기도 합니다. 교회 지도력에 대한 세미나와 책들은 그렇게 많지 않은 것이 현실입니다. 오히려 세상에 참된 지도력을 가르쳐야 할 교회가 세상의 지도력에 대한 연구를 도입해서 가르치는 그런 상황에 있기 때문에 교회의 지도력은 위기를 맞고 있습니다. 권위와 카리스마만을 고집하는 교회의 지도력은 이제 더 이상 설 자리를 찾기 어렵습니다.

교회 지도력은 세상을 관찰함으로가 아니라 성경과 그 주인

되신 예수를 관찰하는 데서 시작되어야 합니다. 그래서 지금부터 배울 지도자론은 성경 중심의 가르침이 될 것입니다. 성경에서 가르치는 지도력이야말로 교회와 세상의 참된 지도력이요 교회와 세상에 꼭 필요한 지도력입니다.

1. 지도력의 시작

(1) 하나님께서 사람을 창조하시고 인간에게 부여한 권한은 무엇입니까?(창 1:28)
   생육하고 번성하고 땅에 충만하고 땅을 정복하고 다스리는 것

(2) 그렇다면 인간에게 무엇이 필요합니까?
   지도력

(3) 에덴동산을 다스리고 지키게 하는 권한은 무슨 권한입니까?
   지도력

(4) 누구에게 그 권한을 주셨습니까?
   아담(남자)

2. 지도력의 상실(창 3:1-9)

(1) 뱀이 누구에게 접근했습니까?
하와(여자)

(2) 남자와 여자 중 누가 지도자였습니까?
여자

(3) 그런데 에덴동산을 지키고 다스리는 책임은 누구의 책임이었습니까?
남자

(4) 결국 하나님께서는 누구에게 책임을 물으셨습니까?
남자

(5) 이 사건을 통해 지도력의 중요성을 토론해 보십시오.
지도력이 제대로 발휘되어야 할 때 발휘되지 못하면 따르는 모든 사람에게 재앙이 임한다.

3. 지도력의 회복(눅 4:1-12)

(1) 무슨 내용입니까?

예수께서 마귀에게 시험받는 사건

(2) 이 사건을 창세기 3장 1-6절과 비교해 보십시오.
'돌을 떡으로'와 '먹음직도 하고' (육신의 정욕)
'천하만국의 화려함'과 '보암직도 하고' (안목의 정욕)
'하나님의 아들이거든 뛰어 내리라'와 '지혜롭게 할 만큼 탐스럽기도 함' (이생의 자랑)

(3) 사탄이 넘겨받은 것은 무엇입니까?(창 1:28)
땅을 정복하고 다스리는 지도력

(4) "네가 만일 내게 절하면"(눅 4:7)의 뜻은 무엇입니까?
네 지도력을 나한테 넘기면

(5) 사탄은 또 무엇을 노리는 것입니까?
지도력의 상실

(6) 예수께서는 결국 무슨 일을 하신 것입니까?
지도력의 회복

(7) 여기서 예수께서 보이신 지도력은 어떻게 정의할 수 있습니까?
사욕을 이기심.

4. 예수의 지도력

이와 같이 지도력 회복의 중요한 첫번째 순서는 '자신의 마음을 다스리는 것'입니다. 먼저 자기를 거울로 들여다보고 나 자신을 조정하고 통치할 수 있을 때, 다른 사람들을 바로 이끌 수 있는 것입니다. 예수께서 다른 사람을 이끌기 위한 공생애를 시작하시기 전에 먼저 마귀의 시험을 받고 이기신 이유가 여기 있습니다.

chapter 5

지도자인 사역자 Ⅱ
- 나의 연약함을 인정하라

하나님께서 사람을 창조하시고 인간에게 "생육하고 번성하여 땅에 충만하라, 땅을 정복하라, 바다의 물고기와 하늘의 새와 땅에 움직이는 모든 생물을 다스리라"(창 1:28)라고 이르셨습니다. 이는 하나님께서 세상의 모든 것을 다스리고 통치하는 권한인 지도력(leadership)을 인간에게 부여하신 것입니다. 하지만, 인간인 아담과 하와가 사탄인 뱀의 모략에 속아 넘어가 타락해서 하나님께서 인간에게 부여하신 통치자의 지도력을 잃어버렸습니다.

그렇다면 이 잃어버린 지도력을 회복하기 위해서는 어떻게 해야 할까요? 지도력 회복의 방법을 인간에게 보여주기 위해 하나님은 예수를 우리에게 보내셨습니다. 누가복음 4장 1-12절을 살펴보면 예수께서 공생애를 시작하기 전 마귀의 시험을 받으시지만 예수는 마귀를 대적해 승리하시며 사탄으로부터 잃어버렸던 지도력을 다시 빼앗습니다. 이처럼 지도력 회복의 가장 중요한 것은 '자신의 마음을 다스릴 줄 알아야 한다' 는 것입니다. 다시 말하면 영성을 깊게 하여 주님의 능력으로 내 모든 정욕을 십자가에 못 박을 수 있어야 합니다.

지난 시간에는 우리가 하나님께서 부여하신 지도력를 어떻게 잃어버렸으며 예수께서 그것을 어떻게 회복하셨는지를 배웠습니다.

그럼, 예수께서 회복하신 지도력을 어떻게 효과적으로 나에게 적용할 수 있는지를 알아보도록 하겠습니다.

1. 하나님의 기준 - 연약함

(1) 고린도전서 1장 27-31절을 보면 두 종류의 사람들이 나옵니다. 어떤 사람들입니까?
   육체를 따라 지혜로운 자, 능력 있는 자, 문벌 좋은 자, 미련하고 약하고 천하고 멸시받는 자

(2) 하나님께서 쓰시는 사람들은 어떤 사람들입니까?
   미련하고 약하고 천하고 멸시받는 자

(3) 왜 그렇습니까?

　아무 육체도 하나님 앞에서 자랑하지 못하게 하려고.

2. 연약함은 죄가 아닙니다.

(1) 고린도후서 4장 7절을 읽고 나는 본질적으로 어떤 존재인지를 묵상해 보십시오.

　보배를 가진 질그릇

(2) 고린도전서 2장 3절을 읽고 바울은 자신에 대한 생각이 어떠했는지 말해 보십시오.

　약하고 두려워하고 심히 떠는 자

3. 어떻게 하면 연약함을 가지고 지도자가 될 수 있습니까?

(1) 연약함을 인정하라.

　• 롬 7:18-19

(2) 연약함을 자랑하라.

• 고후 12:9

(3) 연약함은 하나님의 능력이 내게 머물게 하는 역할을 한다.

4. 연약함을 서로 나누십시오.

(1) 회복과 치유를 가져오기 때문입니다.

• 약 5:16

(2) 우리를 겸손하게 하기 때문입니다.

• 약 4:6

(3) 서로 이해하고 사랑하게 하기 때문입니다.

• 살전 2:8

(4) 서로 본이 되게 하기 때문입니다.

• 고전 11:1

(5) 우리의 마음을 넓게 해주기 때문입니다.

- 고후 6:11

5. 성경의 예

(1) 예수의 예

- 사 53:1-7

(2) 바울의 예

- 고전 2:3-5

- 고후 1:8-9

- 고후 6:11

- 고후 3:5

(3) 기타 성도들의 예

• 히 11:32-34

6. 자신의 연약함을 나누어 보시기 바랍니다. 그리고 그 연약함을 하나님께서 어떻게 강하게 사용하셨는지 나누어 보십시오.

(1) 신체적

(2) 정신적 / 감정적

(3) 관계적

(4) 환경적

chapter 6

지도자인 사역자 Ⅲ
- 지도력(leadership)의 단계

하나님께서는 인간에게 세상을 다스리고 통치하는 권한인 지도력을 부여하셨습니다. 하지만 나약하고 연약한 인간은 이 지도력을 상실했습니다. 이 지도력을 회복하기 위해서는 우선 자신의 마음을 먼저 다스릴 줄 알아야 합니다. 또한, 나의 연약함을 인정하고 온전히 내려놓으면 그리스도의 능력으로 나의 연약함을 들어 강하게 사용하시는 놀라운 역사를 경험하게 됩니다.

하나님께 지도자로 쓰임받기 위해서는 우선 하나님의 부르심을 받아야 합니다. 하나님께 쓰임받는다는 것은 생각과 마음만으로 되는 것이 결코 아닙니다. 그에 합당한 믿음의 준비와 훈련이 필요합니다. 그에 합당한 믿음의 준비와 훈련은 자신이 알아서 하는 것이 아니라 하나님께서 모두 계획하시고 행하시는 것이기 때문에 모든 생각과 마음을 하나님께 맡기며 하나님께서 내 영혼을 통해 이루어 가고자 하시는 것이 주님의 뜻대로 이루어지도록 충성하고 순종해야 합니다.

> "하나님의 말씀을 너희에게 일러주고 너희를 인도하던 자들을 생각하며 그들의 행실의 결말을 주의하여 보고 그들의 믿음을 본받으라"(히 13:7).

여러분의 지도자들을 기억하십시오. 그들은 여러분에게 하나님의 말씀을 전해 주었습니다. 그들이 어떻게 살고 죽었는지를 살펴보고, 그 믿음을 본받으십시오.

1. 하나님의 부르심

(1) 출애굽기 3장 1-12절을 읽고 내용을 요약하십시오.
    모세가 시내산에서 하나님을 만나고 사명을 받는 이야기

(2) 모세의 부르심(소명)은 언제부터 시작되었습니까?(출 1-2장)
    태어날 때

① 모세의 가정은 어떤 가정이었습니까?

레위 족속

② 모세는 어떻게 성장했습니까?
바로의 궁중에서 애굽의 왕자로 교육받았다.

③ 모세가 시내산에 올라가기까지의 역사적인 배경을 간단히 적어보십시오.
모세는 그가 히브리인이었음을 일찍부터 알았음. 그리고 그가 자기 백성들을 구원할 수 있다는 자신감에서 임의로 히브리인을 학대하는 애굽의 감독관을 죽임. 이것이 바로에게 알려지자 광야로 도망감

(3) 출애굽기 3장 11절을 읽고 느낀 점을 써 보십시오.
자신이 죽었음. 그리고 이때 비로소 하나님만을 전적으로 의지할 수밖에 없는 지도자로서의 자질을 갖게 됨.

2. 하나님의 준비 과정

(1) 누가복음 5장 1-11절을 읽고 내용을 요약하십시오.
베드로가 밤새 고기를 잡으려고 했으나 한 마리도 못 잡음. 좌절과 허망한 가운데서 자신을 의지하지 않고 예수의 말씀을 의지하고 깊은 데로 나아가 그물을 던졌을 때 많은 고기를 잡음.

이때 비로소 예수를 평생 의지하고 따르는 분으로 믿게 됨.

(2) 베드로의 부르심과 모세의 부르심의 공통점은 무엇입니까?

자신의 힘으로는 리더가 될 수 없다는 것, 부르심의 전후 과정이 하나님의 준비하심이었다는 것

(3) 베드로를 부르기 위해서 주님이 준비하신 것은 무엇입니까?

밤새도록 수고했지만 고기를 한 마리도 못 잡은 것

(4) 나의 현재 모습 속에 모세와 베드로의 모습이 있다면 그것은 무엇입니까?

실패와 좌절, 바라는 대로 모든 일이 잘 안 풀린 것, 되는 일이 없는 것

(5) 그 속에서 깨달을 수 있는 하나님의 준비하심이 있다면 그것은 무엇입니까?

다른 이들의 아픔을 이해할 수 있게 되었다는 것, 상처받은 치료자

지도자로 하나님께 쓰임 받기 위해 하나님의 부르심을 받았다는 것은 아무것도 아닌 우리에게 있어서는 참으로 대단하고

크나큰 영광이 아닐 수 없습니다. 우리가 지도자로서 하나님께 쓰임을 받고자 하는데 하나님이 보시기에 제대로 훈련되어 있지 못한 상태라면 우리의 영혼을 통해 하나님의 이름을 드높이며 하나님께 감사와 영광을 돌리기보다 오히려 하나님의 이름에 누를 끼치고 하나님을 욕되게 할 수 있다는 것을 간과해서는 안 될 것입니다.

하나님의 부르심을 받은 지도자로서 갖추어야 할 기본적인 네 가지 덕목을 배우고 훈련하고 노력해 하나님의 영광을 위한 빛과 소금 된 자, 온전한 지도자로 거듭나기를 바랍니다.

1. 정직(integrity)

"모든 지킬 만한 것 중에 더욱 네 마음을 지키라 생명의 근원이 이에서 남이니라"(잠 4:23).

(1) 창세기 39장 1-12절을 읽고 내용을 요약하십시오.
    요셉이 종이 되어 주인의 아내에게 성적 유혹을 받고 뿌리치는 이야기

(2) 요셉의 인격을 설명해 보십시오.
    안과 밖이 같은 사람

(3) 이런 '인격'은 타고난 것입니까? 만들어지는 것입니까?
　　만들어지는 것

유명한 투자 심사관이었던 모건(J. P. Morgan)은 그에게 돈을 빌리러 왔던 사람들의 가장 중요한 담보들은 그 사람이 갖고 있는 '인격'이었다고 말했습니다.

2. 하나님이 쓰시는 일꾼들의 '인격'(personality)

(1) 거룩함(holiness)

　① 거룩함은 무엇입니까?(수 24:14-15)
　　두 마음을 품지 않고 하나님만 섬기는 것

　② 하나님은 사람의 어떤 면을 보신다고 했습니까?(삼상 16:7)
　　마음의 중심

　③ 마태복음 6장 24절을 읽고 이를 삶에 적용해 보십시오.
　　돈으로 대표되는 재물 취득에 생명을 걸지 말 것
　　돈을 사랑함은 일만 악의 뿌리(딤전 6:10)
　　십일조는 돈이 나의 하나님이 되지 못한다는 것을 선포하는 행위

(2) 작은 일에 충성함(faithfulness)

- 마 25:14-23
작은 일을 크다고 여기고 충성하는 마음

(3) 용서하는 마음(forgiving heart)

- 엡 4:32
지도자는 관대함이 최고의 덕목이다.

3. 충성심(followship)

(1) 창세기 22장 1-14절을 읽고 내용을 요약해 보십시오.
아브라함이 하나님의 말도 안 되는 명령을 그대로 충성스럽게 따르는 행위

(2) 본문이 말씀하고자 하는 가장 중요한 교훈은 무엇입니까?
하나님을 무조건적으로 순종하며 따르는 아브라함과 그런 아버지 아브라함을 말없이 순종하며 따르는 이삭의 충성된 마음

(3) 만약에 내가 아브라함처럼 한다면 나의 삶은 어떻게 될 것 같다고 판단하십니까?

망가진다고 생각함, 미친 사람이라고 조롱받을까 두려움

(4) 성경(구약, 신약)에서 리더를 가장 잘 따랐던 인물은 누구입니까?

여호수아(구약), 디모데(신약)

(5) 그렇지 않았던 인물들은 누구입니까? 그리고 그 결과는 어떠했습니까?(민 16장; 삼상 15장)

고라, 사울 왕, 비참하게 죽음

4. 분별력

"너희는 이 세대를 본받지 말고 오직 마음을 새롭게 함으로 변화를 받아 하나님의 선하시고 기뻐하시고 온전하신 뜻이 무엇인지 분별하도록 하라"(롬 12:2).

(1) 사무엘상 3장 1-10절을 읽고 내용을 요약하십시오.

사무엘이 어렸을 때 하나님의 음성을 듣는 훈련을 받는 모습

(2) 사무엘이 처음에 하나님의 음성을 분별하지 못한 이유는 무엇입니까?

훈련이 안 되어서

(3) 누구의 도움을 받았습니까?

　　엘리 제사장

(4) 하나님의 뜻을 분별하기 위해서 내가 해야 할 일은 무엇입니까?

　　큐티를 부단히 하겠음.

(5) 일단 하나님의 뜻을 알게 되면 그 다음에 할 일은 무엇입니까?

　　끝까지 순종함.

(6) 하나님의 뜻은 누구에게 주로 나타납니까?

　　끝까지 순종하고자 하는 사람

chapter 7

지도자인 사역자 Ⅳ
- 지도력의 7가지 필수조건

1. 비전

(1) 비전(vision)이란?

　① 느헤미야의 비전은 무엇이었습니까?(느 2:1-5)
　　예루살렘 성을 중건하는 것

　② 느헤미야의 비전은 어떻게 생겼습니까?(느 1:4)
　　심령이 가난한 가운데 기도중

(2) 빌립보교회 사랑방의 비전은 무엇이 되어야 합니까?

① 예배공동체 완성

----

② 전도공동체 완성

----

③ 교육공동체 완성

----

④ 빛과소금공동체 완성

----

⑤ 선교공동체 완성

----

(3) 사랑방 목자로서의 비전은 무엇입니까?

① 목자 되는 것

----

② 분가하는 것

----

(4) 빌립보교회 지도자로서의 비전은 무엇입니까?(행 2:41-47)
교회가 구원받는 사람들이 날마다 늘어나고, 교육이 왕성하며, 모이기를 잘하며, 특별히 소규모 모임이 왕성하며, 기도와 찬양과 기사와 이적이 나타나 하나님을 두려워함과 세상 사람들로부터도 좋은 행위로 말미암아 하나님께 영광 돌리는 것

2. 열정

(1) 헌신

- 느 2:11-15

- 느 4:6

(2) 부지런함

- 느 4:9

- 롬 12:11

- 고후 11:2

(3) 기쁨

- 느 8:10

3. 믿음

(1) 적극적인 자세

- 빌 4:13

(2) 능력

- 느 2:5

(3) 내려놓음

- 엡 4:16

4. 단호함

(1) 버림

- 눅 5:11, 28

(2) 원칙 있는 삶

- 단 1:8

(3) 의분

- 느 13:25

5. 인내

(1) 참음

- 히 12:1-3

(2) 어려움

- 고후 4:7-9

(3) 비난

- 느 4:1-4

6. 작은 일에 치밀함

- 느 2:7-9

- 느 3:1-32

7. 겸손

- 빌 2:5-8

chapter 8

목자인 사역자 I
– 사랑방 목자란?

우리(사랑방 목자)의 사명

"마음을 다하고 목숨을 다하고 뜻을 다하고 힘을 다하여 주 하나님을 사랑하고 이웃을 내 몸과 같이 사랑하여 예수 그리스도의 생명과 빛 되심을 사망과 어둠에 싸여 있는 세상에 증거함으로 하늘과 땅의 다리가 되고자 한다."(신 6:4-5; 막 12:30-31; 요 1:1-14; 출 19:5-6)

섬김의 비전

세상 모든 사람들

빌립보교회 성도
사랑방 목자
목자
장로
목회실
성부 성자 성령

사랑방 작은목자란?

사랑방 목자는 빌립보교회의 사역을 감당하기 위해 하나님으로부터 부르심을 받고 이에 응한 사람입니다. 그리고 빌립보교회에 속한 교우들을 목양하는 사명을 감당함에 있어 목회실과 목사들이 감당하는 모든 사역을 할 수 있는 자격이 주어집니다. 단, 강단권(대예배 설교)과 성례(세례와 성만찬)를 베풀 수 있는 권한은 제외됩니다.

1. 네 분야의 사역

(1) 제자 양성자(마 28:18-21)

(2) 화해의 대사(고후 5:19-20)

(3) 목자(요 21:15-17)

(4) 종(마 20:28)

"또한 우리는 너희에게서든지 다른 이에게서든지 사람에게서는 영광을 구하지 아니하였노라 우리는 그리스도의 사도로서 마땅히 권위를 주장할 수 있으나 도리어 너희 가운데서 유순한 자 되어 유모가 자기 자녀를 기름과 같이 하였으니 우리가 이같이 너희를 사모하여 하나님의 복음뿐 아니라 우리의 목숨까지도 너희에게 주기를 기뻐함은 너희가 우리의 사랑하는 자 됨이라"(살전 2:6-8).

2. 사랑방 모임의 열 가지 특성

(1) 절친한 가정

(2) 일대일의 목양

(3) 삶의 공유

(4) 격려와 권고

(5) 한없는 섬김의 사랑 마당

(6) 신행일치의 마당

(7) 위협을 느끼지 않는 전도의 마당

(8) 양육의 마당

   ① 영성 훈련 마당
   ② 지도력 개방의 마당

3. 사랑방 모임을 인도하는 사랑방 목자의 자세

(1) 적극성

(2) 분명한 간증

(3) 헌신

(4) 성령에 의해 인도함을 받는 삶

"병사로 복무하는 자는 자기 생활에 얽매이는 자가 하나도 없나니 이는 병사로 모집한 자를 기쁘게 하려 함이라"(딤후 2:4).

4. 사랑방 모임 인도자의 직무 명세서

(1) 심방과 전화를 통해서 할당된 교우 및 가능성 있는 교회 방문자 혹은 전도 대상자를 접촉합니다.
(KOINONIA=fellowship+partnership)

(2) 사랑방을 제공한 분들과 더불어 사랑방 운영을 원활하게 도모합니다.

(3) 매주 저녁 모임 전에 사랑방 목자 훈련생과 장소를 제공하는 가정과 더불어 기도하고 계획을 세웁니다.

(4) 사랑방 목자 훈련생은 진척 상황을 목자에게 보고합니다.

(5) 진실하고 요약된 문장 기도로 시작하고 끝을 냅니다.

(6) 성경공부를 인도하고 토론을 진행합니다.

(7) 사랑방 모임을 매주 일정한 양식대로 목자를 통해 목회실

에 보고합니다.

5. 사랑방 장소 제공자의 직무 명세서

(1) 자기 집에 오시는 한 분 한 분을 기쁨과 사랑으로 모든 것을 포용할 수 있는 마음의 준비를 하고 영접합니다.

(2) 모두가 편안한 마음을 가질 수 있도록 장소를 편안하게 준비합니다.

(3) 간단한 다과를 준비해서 대접합니다.

(4) 여분의 성경책과 펜을 준비합니다.

(5) 모임 분위기를 따뜻하게 하기 위해 사랑방 목자와 상의해서 최선을 다합니다.

(6) 방문자들이 다시 오고 싶어하는 마음을 갖도록 기타 필요한 사항을 눈치 있게 처리합니다.
 (예 : 자매님이 혼자 오셨을 때 차에까지 같이 따라가 주기, 방문객들이 떠나고 난 후에 정리하기 등등)

chapter 9

목자인 사역자 II
– 사랑방 모임 인도 요령

1. 사랑방 모임 인도의 세 가지 순서

(1) Q.T. 나눔

반드시 사랑방 목자 훈련생이 먼저 시작하고 사랑방 목자가 마지막으로 나누도록 합니다.

(2) 문장 기도

Q.T.를 나누던 중에 나온 기도 제목들을 기록해 두었다가 ACTS 순서에 따라서 문장 기도를 합니다.

(3) 성경공부

지식 전달보다도 진리로서 하나님 말씀이 참석자의 마음에 와 닿을 수 있게 하는 것이 목적입니다.

매주 사랑방 모임이 이 순서로 균형 있게 진행되도록 해야 합니다. 서로의 진실되고 솔직한 Q.T. 나눔을 하고, 협력해서 서로를 위해 진심으로 기도하며, 하나님의 말씀을 사모하고 깊게 묵상하는 사랑방 모임을 통해 사랑과 은혜가 넘치는 역사를 경험할 수 있을 것입니다.

2. 사랑방 식구 모두 참석하는 것이 중요합니다.

(1) 해당 인원이 모두 참석하도록 미리 충분한 시간을 갖고 연락하고 참석하도록 적절하게 동기 부여를 합니다.

(2) 가급적 원형으로 의자 배열을 하도록 하고 원형 테이블을 사용해서 서로 편안히 얼굴을 맞대고 교제할 수 있게 합니다.

(3) 특별히 새로 오신 분이나 아직 서먹서먹한 분들에게 기도하게 한다든지 Q.T.를 나누게 한다든지, 또는 성경공부의 대답을 강요하는 일이 없게 합니다.

3. 항상 문장 기도로 시작하고 끝을 냅니다.

(1) 사랑방이 모임을 시작하자마자 즉시 주님의 존전 앞에 있다는 것을 상기시키는 기도가 필요합니다.(마 18:20)

(2) 끝날 때도 배우고 느끼고 본 바 진리에 우리의 마음과 입술로 응대하는 것이 중요합니다.

4. 어려운 환경이나 아픔의 나눔이 있을 때 즉시 사랑의 마음을 갖고 같은 마음이 되도록 애쓰며 응대합니다. (롬 12:13-15)

(1) 가슴에 있는 이야기를 했을 때
그것에 대해 사랑방 목자나 중심 되는 분들이 침묵으로 일관한다면 따뜻한 사랑을 느낄 수 없습니다.

(2) 어려움이나 아픔을 이야기했을 때
Love Seat 을 중간에 놓고 어려움이나 아픔을 나눈 분을 앉히고 참석자 전원이 그 주위에 둘러앉아 그분에게 손을 얹고 기도하는 방법도 많은 도움이 됩니다.

5. 서로의 필요를 나눌 수 있게 하는 방법(약 5:16)

(1) 남에게 책임을 전가하지 말고 나의 책임을 주장합니다.

(2) 서로를 위해 기도합니다.

(3) 상처를 감싸주며 치료하는 모임이 되게 합니다.

6. 내가 먼저 마음을 엽니다.

7. 성경 권위의 중요성 인지

- 딤후 3:16

- 마 24:35

- 마 5:18

8. 사랑방 모임에 있는 한 사람 한 사람을 인정하고 격려하기를 권장합니다.

(1) 한 분 한 분이 참으로 중요합니다. 무슨 말을 하든지 진지

하게 듣고 짧더라도 꼭 응대하도록 합니다.

(2) 깊숙한 문제로 특별히 전문가의 도움이 필요하다고 판단되면 깊은 응대는 삼가도록 합니다.

9. 교리적이거나 논쟁적이 되지 않도록 최선을 다합니다.

10. 서로가 세워주는 말을 할 수 있게 합니다. (롬 14:19)

11. 사랑! 사랑! 사랑이 있게 합니다. (고전 13:4-7)

12. 사랑방 모임을 위해 미리 철저하게 준비합니다.

특별히 주중 전화 접촉이나 필요시 심방, 생일, 결혼기념일, 기타 경조사에 민감하도록 합니다.

13. 반드시 새로 온 사람을 위해 늘 기도하고 애씁니다.

(1) 의자 하나는 반드시 비워놓고 늘 채우기를 기도하며 반드시 채우도록 노력합니다.

(2) 새로 온 사람은 사랑방 모임에 활력을 불어넣고 썩지 않게 한다는 것을 잊지 맙시다.

(3) 새로 온 사람이 있어야 그룹이 산다는 것을 잊지 맙시다.

14. "E.G.R." 이런 분들이 그룹의 대화를 지배하지 않게 최선을 다합니다.

사랑을 갖고 대하되 필요시 발언을 중단시키고 사랑방 모임이 끝난 후 일대일로 이야기할 수 있도록 여지를 줍니다.

15. 자신의 잘못을 이야기하는 것은 장려하되 다른 사람의 잘못을 이야기하려고 하면 막아야 합니다.

만약 남을 험담하거나 비약하고 정죄하는 이야기가 나오면 사랑방 목자는 미리 이런 원칙이 있다는 것을 상기시키고 말을 중단시킵니다.

16. 항상 성령의 인도하심에 민감해야 합니다.

만약, 사랑방 목자가 교만하다거나 영적으로 무관심한 마음을 갖고 있다거나, 혹은 회개하지 않은 죄를 품고 있다면 사랑방을 인도하는 데 있어 성령님께서 성령의 능력으로 함께하시지 않습니다. 그러므로 성령 충만한 사랑방 목자가 매우 중요합니다.

chapter 10

교회 직분자인 사역자
- 교회란 무엇인가?

"하나님이 미리 아신 자들을 또한 그 아들의 형상을 본받게 하기 위하여 미리 정하셨으니 이는 그로 많은 형제 중에서 맏아들이 되게 하려 하심이니라 또 미리 정하신 그들을 또한 부르시고 부르신 그들을 또한 의롭다 하시고 의롭다 하신 그들을 또한 영화롭게 하셨느니라"(롬 8:29-30).

교회는 경건한 교인의 집단이기 이전에 하나님에 의해 만들어진 하나님의 공동체입니다. 그러므로 교회는 하나님의 의지에 기초한 것이며 하나님의 본성을 닮아가야 합니다. 교회는 '하나님의 백성'이요, '그리스도의 몸'입니다.

"그리스도께서 교회를 사랑하시고 위하여 자신을 주셨다"

(엡 5:25)는 바울의 말과 예수께서 사람들을 자기에게로 불러 "내가 이 반석 위에 내 교회를 세우리니 음부의 권세가 이기지 못하리라"(마 16:18) 하신 말씀 등을 살펴보며, 예수께서 가르치신 교회의 본질적인 의미와 교회의 정책과 사명은 물론 교회의 진정한 가치를 깨달아 이 세상이 하나님의 나라로 점령되기를 바랍니다.

1. 교회의 의미

(1) 에클레시아
'불러서(ek) 나왔다(lesia)'의 합성어임.

(2) 무엇 위에 교회를 세우겠다고 하셨습니까?(마 16:16)
'주는 그리스도시요 살아계신 하나님의 아들'이라는 신앙 고백 위에

(3) 교회는 어떤 사람들이 부름을 받는 곳입니까?(마 16:13-18)
"주는 그리스도시요 살아 계신 하나님의 아들"인 것을 믿는 모든 사람들

(4) 교회의 역할은 무엇입니까?(마 16:18)
음부의 권세를 이기는 것

(5) 교회는 누구의 교회라고 했습니까?(마 16:18)

   예수 그리스도
   ----

2. 교회의 정책

(1) 교회의 머리 = 그리스도 예수

　• 골 1:18

　• 엡 1:22-23

(2) 교회의 기본법 = 성경

　• 딤후 3:16

　• 시 119

(3) 교회의 능력 = 성령

　• 행 1:8

(4) 교회의 열매(마 7:16-19)

① 의의 열매(빌 1:11)

② 성령의 열매(갈 5:22)

③ 사람의 열매(딤후 2:2)

(5) 교회의 방법(전략) = 기도

- 행 1:14

- 엡 6:10-18

3. 교회가 추구하는 열 가지 우선적 가치

(1) 오직 예수(갈 2:20)

(2) 머슴의 도(빌 2:5)

(3) 한 영혼의 귀중성(눅 15)

(4) 목양 우선(행 6:1-7)

(5) 과정 중심(살전 2:7-8)

⑹ 평신도 사역(엡 4:11-12)

⑺ 두 날개의 교회(행 2:46)

⑻ 본질과 비본질의 조화(막 2:20-22)

⑼ 안팎이 똑같게(행 11:26)

⑽ 그럴 수도 있지(마 18:21-35)

부록

오리엔테이션
성경공부 인도 요령
큐티 노트(예)
문단 나누기(예)
독후감
소감문

부록 1
- 오리엔테이션

- 발신: 송영선 목사
- 수신: 사역자반 00기 수강자 전원
- 제목: 사역자반 안내

사역자반에 오신 예수의 제자들을 환영합니다.

　제자반을 수료하느라 얼마나 수고하셨습니까? 그 수고가 헛되지 않아 이제 여러분은 빌립보교회 제자훈련원의 사역자반까지 오시게 되었습니다. 이제 본 과정을 아래와 같이 안내해 드리오니 잘 숙지하시고 아름다운 결실을 맺으시기를 기도드립니다.

1. 과정 목표

예수의 제자들을 주님의 몸 된 교회의 사역자로 양성하는 데 있다.
(1) 사역자로서의 기본적인 영성 진작
(2) 목자로서의 전문성 훈련

2. 수강 자격

빌립보교회의 교인으로서 제자반을 수료한 자들에 한한다.

3. 수강 일시

(1) 매주 수요일 오전 10:00 – 오후 12:30
(2) 매주 목요일 오후 7:30 – 10:00

4. 수강 교실

빌립보교회 새가족실

5. 수강 지침

(1) 정시에 시작하고 정시에 끝낸다.
(2) 지각 세 번, 결석 한 번 이상은 자동 탈락한다.
(3) 교재와 Q.T.는 반드시 예습해 온다.

6. 클래스 운영

(1) 과제 검사(느헤미야 Q.T. 나눔, 과제물……)
(2) 에베소서 성경공부
(3) 교재 공부

7. 과제

(1) 아래 도서를 필독할 것
  ① 《상한 감정 클리닉》(찰스 스탠리)
  ② 《목적이 이끄는 삶》(릭 워렌)
  ③ 《머슴교회》(송영선)
  ④ 《새들백 이야기》(릭 워렌)
(2) 에베소서 다섯 번 읽기 - 다섯 번 읽은 후 전체 개요 만들기

(3) 교재 예습

(4) 느헤미야 Q.T.

8. 클래스(교재) 일정표

날짜 (수)	날짜 (목)	교재 내용
		오리엔테이션
		사역자의 아침 (느 1)
		사역자의 자세 (느 2)
		사역자의 확신 (느 3)
		지도자론 (느 4)
		지도자론 (느 5)
		지도자론 (느 6)
		예비일 (느 7)
		지도자론 (느 8)
		목양론 (느 9)
		예비일 (느 10)
		목양론 (느 11)
		교회론 (느 12)
		교회론 (느 13)

9. 클래스(에베소서 인도) 일정표

아래와 같이 에베소서를 공부합니다. 이 스케줄에 따라 매주 30분씩 성경공부 인도법을 실습할 것입니다. 이 스케줄은 과제물인 에베소서 문단 나누기와 상관없는 클래스 스케줄입니다. 착오 없으시기를 바랍니다.

날짜	에베소서	인도자
	1:1-14	송영선 목사
	1:15-1:23	
	2:1-2:10	
	2:11-2:22	
	3:1-3:13	
	3:14-3:21	
	4:1-4:12	
	4:13-4:32	
	5:1-5:21	
	5:22-6:9	
	6:10-24	

사역자반 과제물 점검표

이름: _____

O: 과제물을 빠짐없이 했을 때　　★: 일부만 했을 때

X: 전혀 못했을 때　　　　　　　• 새벽기도 횟수 _____

날짜	예습	읽기	필독	과제물	새벽기도
		느 1장 ( )	상한 감정 클리닉 ( )	에베소서 개요 ( )	
		느 2장 ( )	목적이 이끄는 삶 79 ( )		
		느 3장 ( )	목적이 이끄는 삶 153 ( )		
		느 4장 ( )	목적이 이끄는 삶 224 ( )		
		느 5장 ( )	목적이 이끄는 삶 294 ( )		
		느 6장 ( )	목적이 이끄는 삶 366 ( )		
		느 7장 ( )	목적이 이끄는 삶 417 ( )		
		느 8장 ( )			

		느 9장 ( )	머슴교회 ( )		
		느 10장 ( )	예비일 ( )		
		느 11장 ( )			
		느 12장 ( )			
		느 13장 ( )	새들백교회 이야기 ( )		

부록 2
-성경공부 인도 요령

에베소서 1장 1-14절

1. 관찰

(1) 역사, 지리, 저자, 문화적 배경 공부
　-에베소 지역의 유대인으로 안식일을 지키지 않고 주일을 지키
　　는 것에 대한 의문의 답

(2) 문단 나누기 및 제목 달기
　① 1-2절 : 인사

② 3-6절 : 교회의 존재 이유(창조의 목적) – 하나님, 과거

③ 7-12절 : 교회의 중심(창조의 중심 인물) – 예수, 현재

④ 13-14절 : 교회의 능력(창조의 능력) – 성령, 미래

(3) 중심 구절 또는 문단
   ① 1장 4절
   ② 1장 9-10절

(4) 키워드
   – 우리, 창세 전, 택함, 예정, 경륜, 비밀, 그리스도 안

2. 이해

(1) 우리는 누구인가?

(2) 우리가 보는 이 우주, 즉 천지는 목적이 있어 창조가 되었는가? 그렇다면 그 목적은 무엇인가?

(3) 우리의 기원은 천지가 창조되기 전인가, 그 후인가?

(4) 우리를 택하셨는데 누구 안에서 택하셨는가?(4절)
   ① 택함이 있는 것을 어떻게 아는가?

(5) 경륜이란 단어는 무슨 뜻인가?

① 경륜 (Dispensation)

— 일반적인 의미로는 천하를 통치하는 일, 그 솜씨, 포부, 계획 등을 말하는 데 쓰인다. 성경에 있어서는 특히 바울이 하나님의 우주 지배에 대해 많이 씌어져 있다. 헬라어 '오이코노미아'의 역어로 되어 있는데, 이것은 "청지기로서 지배한다"는 동사 '오이코노메오- oijkonomew(oikonomeo)'에서 온 명사로서, '청지기의 직무'를 가리키기도 하여 '직분'(stewardship)으로도 번역되어 있다(눅 16:3, 4). '이 집을 지배한다'는 데서 나와 특히 하나님께서 온 우주를 지배하시는 일에 대해 바울 사도에 의해 씌어져 있다(엡 1:9, 3:2, 9; 골 1:25; 딤전 1:4).

바울은 하나님의 경륜에 의한 인류 구원을 위한 예수 그리스도의 속죄사 및 인류 구원의 예정(엡 1:7-12)을 찬미하고 있다. 그리스도인은 하나님의 오묘하신 비밀을 그리스도 안에서 알게 되었다(엡 1:4, 10, 11, 13). 그리스도 안에서 예정 약속하신 때가 참으로써 그리스도가 이 세상에 임하여 이 경륜이 실현되고(골 1:16, 17), 하나님의 기뻐하시는 때가 왔기 때문에, 하나님은 이 비밀을 바울을 비롯해, 그를 믿는 모든 사람에게 보여 주신 것이다(엡 1:9-10).

② 비밀은 무슨 의미인가?
③ 결국 교회의 시작은 어느 때부터인가?

3. 적용

(1) 천지 창조의 목적이 나에게 주는 의미는 무엇인가? 오늘 이 의미를 어떻게 나의 현실에 적용할 수 있는가?
   ① 나는 우연히 존재하는 존재가 아니다

(2) 우리의 기원이 창조 전이라면 그 사실이 나에게 주는 의미는 무엇인가?
   ① 나는 우주보다 귀하다.
      i. 교만하지 말고 당당하게 살자.
      ii. 슬퍼할 이유가 없다. 기뻐하자.
      iii. 외로울 이유가 없다. 적극적으로 다른 사람들에게 다가가자.

(3) 나는 그리스도 안에 있는가?

(4) 그리스도 안에 들어가려면?(7절)
   ① 그분의 피가 나를 구속한 것을 믿어야 한다.

(5) 교회의 중요성이 이렇게 중하다면 지금까지 나는 교회를 어떻게 대해 왔는지 돌아보자.
   ① 내가 교회에 대하여 잘못 생각하고 있었던 것들은 무엇인가?
   ② 어떻게 이런 잘못을 고치겠는가?

부록 3
- 큐티노트(예)

Q.T. Note : 느헤미야 9장

잠깐 기도하십시오.(Pray)

주님, 감사합니다. 말씀을 보게 하시니…… 이 말씀을 깨닫고 알아 행하게 지혜 주시옵소서.

말씀을 읽으십시오.(Read His Word)

요약 : 이스라엘 자손들이 율법책을 읽고 깨달아 회개하며 금식하며 죄와 열조의 허물을 자복하고 그 처소에서 율법책을 낭독하고 죄를 자복함. 레위 사람 일부는 여호와께 부르짖고 "오직 주는 여호와시다"라고 함. 주께서 아브람을 택하시고 갈대아 우르에서 인도하여 내심과 애굽에서 고난 당함을 감찰하시고 인도하여 내시고, 구름 기둥과 불 기둥으로 인도하시고, 모세로 계명과 율례와 율법을 주셨는데 열조가 교만하고 목이 굳어 주의 명령을 어기고

우상 숭배하여 하나님을 불순종한 죄를 자백하고 그 죄로 이방 열왕들에게 고난 받음과 이 일을 인해 언약을 세워 기록하고 인을 침.

묵상하십시오.(Examine His Word)	적용하십시오.(Say Back to God)
죄(Sin) 주의 율법을 지키지 않고 순종하지 않음. **약속(Promise)** 순종하면 자손에게까지 복을 주겠다. **모범(Example)** 자신의 죄뿐 아닌 열조의 죄까지 자복하고 회개함(지나간 죄도 낱낱이 들추어 회개하는 것). **명령(Command)** 주의 계명을 듣고 행하라. **지식(Knowledge)** 주의 은혜와 긍휼을 깨닫는 것	-하나님은 공의로우시며 오래 참으시며 기다리신다. -열조의 죄를 자복하고 회개하는 말씀을 보며 큰오빠의 아이들을 생각하니 마음이 너무나 아픔. 나의 생활에 얽매여 돌아보지 못해 조카들이 하나님을 떠나 있는 생활을 생각하며 회개함······. -자주 전화로 연락하고 사랑으로 기도하고 있다고 말하며 타이름. -먼저 지속적으로 주님 앞에 기도하겠다고 마음 먹음.

나누십시오.(Share)

한국에 있는 큰오빠의 아이들을 생각하면 마음이 너무나 아프다. 나의 생활에 얽매여 돌아보지 못하여······조카들이 하나님을 떠나 있는 생활을 생각하며 회개한다. 자주 전화로라도 연락하고 하나님의 사랑을 깨닫게 해주어야겠다. 그리고 여기서도 지속적으로 그들을 위해 기도해야겠다.

부록 4
- 문단 나누기(예)

에베소서 문단 나누기

📖 1장 1-14절

　① 1-2절　　　인사
　② 3-6절　　　교회의 존재 이유(창조의 목적) — 하나님, 과거
　③ 7-12절　　 교회의 중심(창조의 중심 인물) — 예수, 현재
　④ 13-14절　 교회의 능력(창조의 능력) — 성령, 미래

📖 1장 15-23절

　① 15-16절　　바울의 기도
　② 17-19절　　하나님의 계시

- 하나님을 알게 하고, 부르심의 소망을 주시며, 그의 능력이 크심을 알게 함
③ 20-21절 　하나님의 능력(모든 이름 위에 뛰어나게 하심)
④ 22-23절 　교회의 정의(교회는 예수의 머리이며 또한 몸)

◆ 2장 1-10절
① 1절 　　　교회의 목적(허물과 죄로 죽은 우리를 살리심)
② 2-3절 　　교회의 지체가 되기 전의 상태(불순종의 아들, 진노의 자녀)
③ 4-7절 　　하나님의 사랑(우리를 살리심으로 그분의 은혜를 여러 세대에 나타내심)
④ 8-9절 　　교회의 지체가 되는 방법
⑤ 10절 　　 교회의 소명

◆ 2장 11-22절
① 11-12절 　이방인의 정의
　　　　　　 - 무할례당, 그리스도 밖에 있음, 언약에 대해 외인, 소망과 하나님이 없는 자
② 18-19절 　십자가는 유대인과 이방인을 화목하게 함.
　　　　　　 - 예수 안에서 그리스도의 피로 가까워짐.
　　　　　　 - 둘로 하나를 만드시고 중간에 막힌 담을 허심.
　　　　　　 - 계명의 율법을 자기 몸으로 폐하심.
　　　　　　 - 원수 된 것을 십자가로 소멸하심.

③ 20-22절　　우리도 예수 안에서 교회의 성전으로 지어져 감.
　　　　　　- 한 성령 안에서 동일한 시민이요 하나님의 권속

◆ 3장 1-13절
　① 1절　　　　바울 자신의 현재 소개(예수 일로 이방을 위해 갇힌 자)
　② 2-6절　　　그리스도 복음의 비밀, 교회
　　　　　　　- 예수 안에서 이방인과 유대인이 교회 안에서 함께 후사가 되고 지체가 되며 함께 약속에 참 예하는 자
　③ 7-11절　　교회, 하나님 구원 경륜의 비밀(영원부터 예수 안에서 예정하신 뜻대로 하심)
　④ 12-13절　우리에 대한 당부(담대함과 당당히 나아감)

◆ 3장 14-21절
　① 14-15절　바울 기도 전문
　② 16-19절　바울 기도 본문
　　　　　　　- 성령으로 너희 속사람을 능력으로 강건하게 하라.
　　　　　　　- 그리스도의 사랑을 알라(18절).
　　　　　　　- 하나님의 충만하신 것으로 너희도 충만을 입어라.
　③ 20-21절　바울 기도 후문
　　　　　　　- 우리가 구하는 것이나 생각하는 것에 능히 하

실 이에게 구함.
- 교회와 예수 안에서 영광이 무궁하도록 기원함.

◆ 4장 1-12절 : 교인의 의무
① 1-3절　　부르심에 합당하게 행하라.
- 겸손, 참음, 사랑 가운데서 서로 용납하고
- 평안의 매는 줄로 성령의 하나 되게 하신 것을 힘써 지켜라.
② 4-6절　　교회의 특성 1, 연합(몸, 성령, 주, 믿음, 세례, 하나님도 하나임)
③ 7-10절　 교회의 특성 2, 다양성
④ 11-12절　우리에게 각종 은사를 주사 그리스도의 몸을 세우려 하심.

◆ 4장 13-32절
① 13-16절　그리스도의 장성한 분량에까지 믿음이 성장해 그리스도의 몸을 세워라.
② 17-19절　교회의 특성 3, 순결함(옛사람을 벗고)
③ 20-24절　하나님의 의와 진리로 새 사람을 입어라.
④ 25-32절　새로운 생활의 본

◆ 5장 1-20절
① 1-2절　　그리스도께서 너희를 사랑하신 것같이 너희도

　　　　　　　　　　서로 사랑하라.
　　② 3-7절　　　성도들이 지켜야 할 사항
　　③ 8-14절　　주 안에서 빛의 자녀답게 행하라.
　　④ 15-21절　 범사에 그리스도의 이름으로 감사하라.

◆ 5장 21절-6장 9절 : 교회의 특성=화목
　　① 21-33절　　남편과 아내의 화목
　　② 6장 1-4절　부모와 자식의 화목
　　③ 6장 5-9절　상전과 종의 화목

◆ 6장 10-20절 : 교회, 하나님의 군대
　　① 10-12절　　교회의 적
　　② 13-20절　　전신갑주로 무장

◆ 6장 21-24절 : 마지막 인사말

부록 5
- 독후감(예)

《머슴교회》를 읽고

'머슴'이란 말은 어쩌면 시골에서 자란 나에게는 아주 친숙하고 많은 애환이 서려 있는 단어다. 외갓집은 농사를 짓고 사는 부농이었는데 외할아버지는 별채 문간방에 노총각 머슴을 거느리고 농사와 집안일을 시키곤 했다.

초등학교 2-3학년으로 기억되는데 노총각 머슴은 추운 겨울 날씨에 모든 집안 허드렛일은 혼자 다하고 우리가 밥을 먹을 때는 언제나 밖에서 시중을 들고 제일 나중에 밥상이 아닌 조그마한 쟁반에 담아서 서서 밥을 먹었다. 별안간 외할아버지가 "돌쇠야" 하고 부르면 먹던 밥도 남겨두고 뛰어와 할아버지의

호령에 심부름을 떠나곤 했다. 나는 그때 '돌쇠는 왜 이런 직업을 가지고 살까? 엄마 아빠는 어디에 있을까?'라고 혼자 생각하면서 불쌍히 여긴 기억이 난다.

2년 전 일본 출장길에 비행기에서 《머슴교회》를 읽은 후 이번 사역자반을 공부하면서 다시 읽은 소감은 나의 영적 성장(?)이라고나 할까 많은 부분들이 절실하게 내게 와 닿았다. 한 구절 한 구절 소홀히 대할 수 없는 하나님의 음성으로 다가왔다.

다음에 간략하게 나의 소감을 기술하고자 한다.

첫째, 오직 예수, 머슴의 도, 한 영혼의 귀중함, 목양 우선, 과정 중심, 평신도 사역, 두 날개의 교회, 본질과 비본질의 조화, 안팎이 똑같게, 그럴 수도 있지 등 열 가지 가치 위에 예수를 머리로 삼아 "새 포노주는 새 부대에 담아야 한다"는 오직 예수의 복음 중심으로 섬기는 빌립보교회의 진솔하며 살아 움직이는 이야기 그 자체였다.

담임 목사님의 목회 철학인 오직 예수, 머슴의 도, 한 영혼의 귀중함, 목양 우선으로 이어지는 이야기는 독자로 하여금 도저히 일독을 한 번에 끝내지 않고는 손을 놓을 수 없게 하는 마력을 지니고 있다. 자신의 어린 시절에 선생님으로부터 받은 상처와 목회를 하면서 겪은 어려움을, 예수의 새 포도주로 자신을 다듬고 또 빚어 가면서 맛을 더해가는 새 포도주의 참맛을 음미할 수 있었다. 특히 설교 시간에 복음 중심으로 강단에서 대언하는 하나님의 말씀과 저자가 직접 책에서 전달하고자 하는 내용은 정말 안팎이 똑같게 여겨지는 진솔함을 담고 있다.

둘째, 목사님은 한국 교회의 실상을 너무나 적나라하게 지적하고 있다. 특히 불교와 가톨릭은 신자가 증가하는 반면 기독교는 오히려 감소하고 있는 이유에 대해 설득력 있는 분석으로 접근하고 있다.

어머니는 한국에서 중대형 교회를 섬기고 계시는데 지난 해까지 권사 직분을 사양하다가 올해 직분을 받으셨다. 이유인즉 권사 직분을 받는 데 일백만 원을 헌금해야 하기 때문에 자식들에게 손을 벌리기가 부담스러워 사양하셨다고 한다.

한국 교회를 부패케 하는 '삼위(돈, 명예, 권력)'를 십자가에서 값없이 주신 그분의 몸 값으로 치부하면서 어떻게든 정당화시킬 수 없다. 강단에서 그분의 십자가 사랑이 성도들에게 전달되어야 하고 한 영혼을 그 무엇보다 소중히 하는 예수의 구원의 은혜가 넘쳐야 한다.

한국 사정을 잘 아시는 외국 목사님의 충고가 귓전을 스친다.
"한국 성도들은 하나님, 돈, 그리고 자기 자신 외에는 아무것도 모르더라."
진정한 머슴의 도와 섬김이 없는 우리의 현실을 꼬집는 충고 같다.

셋째, 죄와 사탄의 계략과 정체에 많은 부분을 할애하여 인간의 잃어버린 하나님의 형상, 즉 섬김의 모습을 회복시키려고 하나님의 아들인 예수를 이 땅에 보낸 메시아의 복음을 전하고 있다. 인간의 운영 체계는 창세기부터 하나님의 사랑과 섬김을 위해 지음 받았는데 으뜸이 되고자 하는 영의 아버지, 즉 마귀가 출현함에 따라 우리의 운영 체계를 뒤흔들어 놓았다. 뒤틀린 운영 체계를 바로 잡기 위해서는 예수의 마음, 즉 종의 마음을 품어야 한다. 이것이 이 책에서 말하는 '머슴의 도'다. 세상은 우리를 "더 높이 올라가라"고 속삭이지만 예수의 마음은 우리를 "더 내려가라"고 말한다. 이러한 머슴의 마음이 예수의 마음이고, 이러한 마음으로 우리의 운영 체계를 바꾸어야 한다고 가르치고 있다.

컴퓨터에 바이러스가 들어오면 시스템 운영 체계를 전부 파괴시키듯이 우리의 마음에도 마귀 바이러스가 들어와 운영 체계를 파괴시키려고 하면 즉각 예수 복음의 백신으로 치료해 운영 체계를 건전하게 유지해야 한다.

마지막으로 열 가지 가치 중 가장 인상 깊은 가치는 '그럴 수도 있지' 라는 포용문화의 가치다.

'두 아들의 이야기'와 '랑케스트 소재 아미쉬 학교의 살인 사건' 예화를 통해서 용서가 얼마나 우리 사회에 아름답고 강력한 사랑의 도구인가를 전하고 있다. 모든 것을 최선을 다해 열심히 사역한 후에 '그럴 수도 있지' 라고 격려해 주고 또 위로해 주는 빌립보교회의 가치는 우리 시대의 교회뿐만 아니라 모든 조직체가 품어야 할 최고 가치가 아닐까 생각해 본다.

부록 6
- 소감문(예)

　사역자반 ____기를 마친 _____ 입니다.

　만사(《만나며 사랑하며》 일대일 성경공부)를 시작으로, 2년여에 걸쳐 사역자반까지 끝내게 되어 얼마나 기쁘고 홀가분한지 모르겠습니다. 사역자반 삼수생인 남편도 함께 사역자반을 마치고 드디어 작목대(작은 목자 대행)의 '대' 자를 뗄 수 있게 되었고, 송 목사님께서 제 남편을 사역자반 낙제생이라고 소개할 기회를 빼앗게 되어 더욱 기쁩니다.

　처음 빌립보교회에 출석하게 된 것이 2001년 8월이었는데 교회에서 하라고 하는 교육 프로그램을 처음 생명반, 성장반을 끝으로 오랫동안 쉬고 있었습니다. '나름대로 교회생활 열심히 하면 됐지'라는 생각으로 지내왔던 교회생활은 어떻게 해야 할

지 방향이 없었고 발전도 없었습니다. 솔직히 말하면 교회에서 제 모습은 있는지 없는지조차 모를 정도로 조용하고 편하게 지냈습니다. 그러던 제가 사역자반을 마치는 과정을 통해 구체적으로 하나님의 자녀로서 가야 할 길을 볼 수 있었습니다.

특별한 사명감 없이, 해야 한다고 해서 시작한 사랑방 목녀의 역할은 너무 힘들고 지쳐 깊은 무력감에 빠지기도 했습니다. 영적으로 힘들고 지쳐 있을 때 무엇인가 해야겠다는 생각이 들어 만사를 시작했고, 지금 사역자반까지 마치게 되었습니다. 이번 사역자반을 통해서 힘들고 지친 가운데 다시 일어설 수 있게 되었습니다.

사역자반의 과정 목표는 사역자로서의 영성과 전문성을 견고하게 하는 것입니다. "사랑방 목자, 목녀로서 사랑방을 어떻게 진정한 크리스천 공동체로 세워 나갈 수 있을까?"라는 질문을 가지고 있었는데 사역자반의 큐티 나눔을 통해서 사랑방을 진정한 예수 공동체로 이끌 수 있는 비결을 알게 되었습니다. 그것은 솔직한 큐티 나눔을 통해 서로의 막힌 벽을 허무는 것입니다. 서로 마음의 문을 열고 속에 있는 비밀스러운 것까지 신뢰하면서 나눌 때에 진정 안팎이 똑같은 공동체가 되는 체험을 하게 되었습니다. '아, 이렇게 하면 되겠구나' 라는 자신감이 생겼습니다.

또한 성경공부를 인도한다는 말이 저에게는 전혀 관련이 없는 줄로만 알았었는데 에베소서를 통한 성경공부 인도 훈련을 받으며, '나와 같은 사람도 성경을 가르칠 수 있구나' 하는 자신감을 얻게 되었습니다.

특별히 에베소서 성경공부를 인도하라는 숙제가 처음에는 부담이 많이 되었지만 막상 제가 인도할 차례가 되어서는 기도도 하게 되고 준비하는 과정에서 목사님의 설교를 통해 깨닫게 되는 것과는 차원이 다른 내가 '막 쪄 낸 찐빵' 같은 진리를 깨닫게 되었을 때 "이것이구나"라는 감동이 있었습니다. 준비해 온 것을 사역자반에서 나눌 때 다시금 성령님의 임재를 공동체적으로 체험하게 되어 많은 은혜를 받았습니다.

이런 경험을 통해 깨달은 것은 마태복음 28장 19-20절에 "너희는 가서 모든 민족을 제자로 삼아 아버지와 아들과 성령의 이름으로 세례를 베풀고 내가 너희에게 분부한 모든 것을 가르쳐 지키게 하라"고 말씀하신 것처럼 교인과 사역자가 따로 존재하는 것이 아니라 교인 모두가 제자가 되고 사역자가 되어야 한다는 것이 하나님이 우리에게 주신 사명이라는 것이었습니다.

또한 매일 느헤미야를 큐티하면서 사역자로서 어떻게 지도력을 발휘할 수 있는가를 배웠으며 느헤미야가 그의 백성을 다시 모으고 하나님께 예배하기까지 그가 보여주었던 지도자로서의 삶을 보며 사역자로 부르신 삶의 의미가 무엇인지 알게 되었습니다.

  느헤미야를 통해서 주의 백성에 대한 사랑과 책임, 하나님에 대한 사명이 소극적이었던 나의 삶에 나름대로의 방향을 정하게 해주었고 소명을 알게 되었습니다.

  이제 다음 단계로 만사 교사 교실을 통해 저에게 섬기라고 주신 하나님의 자녀들을 한분 한분 섬기며 주님의 마음을 배워 가고자 합니다.

  모든 과정을 통해 사역자로서 갖추어야 할 지도력이 무엇인지를 배우게 되었습니다. 아담이 잃어버렸던 이 땅을 다스리는 권세를 예수께서 공생애를 시작하시기 전 사탄에게 받은 시험을 이기며 다시 회복시켜 주셨는데, 지도자로 서기 위해서는 나 자신을 먼저 돌아보고 겸손히 하나님 앞으로 나아가야 할 것입니다.

  나는 할 수 없지만 하나님을 의지함으로 하나님의 비전이 나를 통해 이루어지기를 기도합니다. 늘 부족하겠지만 죽는 날까지 예수를 닮아가며 자라가는 나의 모습을 보길 원합니다. 그런 나의 모습이 하나님을 얼마나 기쁘게 할지 가슴이 설레입니다.

  '마음을 다하고 목숨을 다하고 뜻을 다하고 힘을 다하여 주 하나님을 사랑하고 이웃을 내 몸과 같이 사랑하여 예수 그리스도의 생명과 빛 되심을 사망과 어둠에 싸여 있는 세상에 증거

함으로 하늘과 땅의 다리가 되고자' 하는 빌립보교회의 사명이 곧 나의 사명이 되어 예수께서 이 땅 위에 오신 큰 비밀을 함께 나누기를 간절히 기도드립니다.

| 판 권 |
| 소 유 |

"평신도 사역자 이렇게 훈련하라"
머슴교회의 일꾼론(교사용)

2010년 5월 20일 인쇄
2010년 5월 25일 발행

지은이 | 송영선(만사인스티튜트)
주소 | The Church of Philippi 7422
　　　Race Rd. Hanover, MD 21076
TEL | 410-579-1555
FAX | 410-992-0312
홈페이지 | http://www.kacp.org

발행인 | 이형규
발행처 | 쿰란출판사
주소 | 서울 종로구 이화동 184-3
TEL | 02-745-1007, 745-1301~2, 747-1212, 743-1300
영업부 | 02-747-1004, FAX / 02-745-8490
본사평생전화번호 | 0502-756-1004
홈페이지 | http://www.qumran.co.kr
E-mail | qumran@hitel.net
　　　　qumran@paran.com
한글인터넷주소 | 쿰란, 쿰란출판사

등록 | 제1-670호(1988.2.27)

책임교열 | 송은주

값 5,000원

ISBN 978-89-5922-975-8 94230
　　　978-89-5922-974-1 (세트)

＊ 이 출판물은 저작권법에 의해 보호를 받는 저작물이므로 무단 복제할 수 없습니다.
　　잘못된 책은 교환해 드립니다.